LA BRUJA BRU

Y el secreto mejor guardado

Suricatos

La bruja Bru y el secreto mejor guardado

© del texto: Maria Sáiz Marin
© de las ilustraciones Margherita Passarini
© del diseño y corrección del texto: Equipo BABIDI-BÚ

© de esta edición:
Editorial BABIDI-BÚ, 2024
Avda. San Francisco Javier, 9, 6ª, 23
Edificio Sevilla 2
41018 - SEVILLA
Tlfn: 912.665.684
info@babidibulibros.com
www.babidibulibros.com

Impreso en España
Primera edición: febrero, 2024

ISBN: 978-84-19859-45-7
Depósito Legal: SE 2269-2023

LA BRUJA BRU
Y el secreto mejor guardado

María Sáiz Marín Ilustrado por Margherita Passarini

BABI
DIBU

A mi familia, por su apoyo incondicional.
Y a ti, ávido lector, por embarcarte en esta gran aventura.

Índice

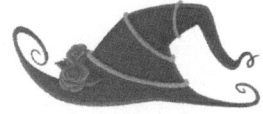

1. LA BRUJA BRU

Érase una vez una bruja piruja, medio bruja, a la que le salía todo siempre al revés. Por eso sus compañeras de oficio la llamaban la bruja «Bru», porque decían que era una bruja a medias. Una mañana, por ejemplo, decidió crear una pócima para convertirse en la señorita más guapa del reino, pero cuando la probó, le empezó a crecer una verruga gorda en la punta de la nariz.

Una tarde quiso convertir a su gato negro Misifú, que siempre la acompañaba, en un experto cazador de ratones. Pero lo único que consiguió es que, tras probar su asqueroso guiso de ancas de rana con canela, el minino se hiciera amigo de todos los roedores de la zona. Y a partir de entonces, Misifú y sus nuevos amigos quedaban todos los días a las cinco de la tarde para tomar té con pastas en la cocina de la bruja Bru, quien no paraba de gritar y saltar desesperada, subida en un taburete porque le daban miedo los roedores.

Otra de sus locuras fue regar las plantas con pis de murciélago y por eso, sus girasoles en vez de mirar al sol, se abrían por la noche para mirar a la luna, de quien se habían enamorado y le tiraban besos y pipas hasta el amanecer.

Ya ves, a la bruja Bru le salía todo al revés y sus compañeras de profesión se reían de sus ocurrencias. Pero ella estudiaba hasta altas horas de la noche sus libros de brujería para investigar pócimas nuevas. Estaba convencida de que algún día crearía un invento que la haría rica. Entonces colgaría el sombrero de bruja, dejaría la escoba y se retiraría a una casita al lado del mar con su gato Misifú para disfrutar de la buena vida.

Por cierto, ahora que hablamos de casas, el hogar de la bruja Bru también era un auténtico desastre. Por fuera parecía una tarta de varios pisos a punto de caerse. Ella había querido construir una especie de palacio como los de los cuentos, pero se equivocó de conjuro, y le salió una casa de ladrillo con siete chimeneas que miraban a siete direcciones diferentes. De cada una salía humo de un color. Había unas chimeneas que echaban humo rosa hacia arriba, otras que lo echaban azul hacia la derecha, otras que soltaban humillo verde hacia la izquierda…, incluso había una que tenía forma de churro y que echaba hacia abajo vapor de agua con todos los colores del arcoíris.

La casa tenía tres alturas y estaba inclinada hacia la derecha porque un día el gato Misifú quiso hacer pis contra la pared, y la casa se movió para no mojarse. Y así se quedó. La puerta de la entrada era roja y muy pequeña. Ella no tenía problemas porque era muy bajita, pero cada vez que la visitaba su amigo Tinín, al que todos llamaban «príncipe gris» por su aspecto tristón y armadura color plata, se daba unos cabezazos tremendos y siempre le salían chichones enormes.

Pero vamos a entrar ahora en la casa. En el piso de abajo, al que había que pasar agachado para no darse un fuerte coscorrón en la cabeza, había un pequeño recibidor donde la bruja Bru guardaba en fila todas sus escobas. A cada una le daba un uso diferente. Algunas eran mágicas, y otras no porque las había comprado baratas en el mercadillo y le habían «dado gato por liebre». Ella intentaba tenerlas siempre ordenadas para evitar líos, pero a su gato Misifú le gustaba cambiarlas de sitio.

Un día en el que la bruja Bru tenía mucha prisa, cogió una para volar a 100 km por hora para llegar a tiempo al cumpleaños del príncipe gris, pero cuando saltó por la ventana del tercer piso…, ¡se estampó en el suelo! Había cogido una escoba que no valía para volar, solo para barrer. La pobre bruja Bru se pegó tal castaña que se quedó aplastada en el suelo durante unos minutos como una tortita, y su gato Misifú tuvo que soplarle por la nariz para que volviera a coger forma de bruja.

¿Te apetece seguir recorriendo la casa de Bru? A la derecha del recibidor había un saloncito donde la bruja guardaba sus libros de pócimas y muchos botes con cosas asquerosas, como mocos de ogro o pelillos de las orejas de los gnomos que se cruzaban en su camino.

En el centro del salón había una mesita camilla con un brasero que utilizaba para calentarse las piernas mientras leía las revistas de la última moda en conjuros que le llegaban por paloma mensajera desde París. Sobre la mesa también había una bola mágica a la que solía preguntar dudas sobre sus pócimas y que usaba para las videollamadas con sus amigas.

En ese piso también estaba la cocina. ¡Estaba hecha un desastre! Había cacerolas por todas partes, de todos los tamaños. Allí es donde la bruja Bru hacía sus experimentos. La mayoría acababan explotando y por eso había restos verdes y amarillos por el suelo, las paredes e incluso el techo.

La cocina era el lugar favorito de Misifú, porque allí podía comer todo lo que caía de las cacerolas. Aunque eso también tenía sus riesgos, claro. Una vez Misifú chupó unos mocos verdes de ogro que habían caído al suelo, y se convirtió en una ardilla que no paraba de cantar. Otro día, lamió unas miguitas de pan de oruga, y le salió un cuerno en mitad de la frente. Y no nos olvidemos de cuando comió unos jamoncitos de paloma, que le dio por hablar con acento francés durante tres días.

Lo bueno y lo malo de los conjuros de Bru es que no duraban para siempre, y por eso, aunque Misifú se convirtiera en un lagarto verde, siempre volvía a su estado natural después de un par de días. Aunque claro, imagina los sustos que se llevaba Bru con ese gato tan comilón.

En el piso de arriba se encontraba la habitación. La cama de Bru era muy alta, tenía diez colchones para estar bien cómoda y necesitaba una escalera para poder subir a lo más alto. Más de una noche, con la urgencia de ir al baño, había salido corriendo sin pensar y se había dado un buen castañazo contra el suelo. La cama tenía también un dosel, porque Bru creía que algún día una de sus pócimas la convertiría en princesa.

En la habitación había un armario que hablaba y todas las mañanas le daba a Bru la previsión del tiempo para saber qué corrientes de aire coger ese día con la escoba. En su interior, guardaba un montón de trajes: el vestido de la bruja de Blancanieves, el de la piruja de la Casita de Chocolate, el de la mala de la Bella Durmiente... Los usaba para las ocasiones especiales porque normalmente llevaba el mismo trajecito morado y rosa. Tenía muchos bolsillos secretos, ideal para guardar las llaves de casa y los polvos mágicos.

Al lado del armario, había escondida una puerta muy pequeña. Era tan diminuta que la propia bruja Bru no se había dado cuenta de su existencia. ¿Para qué servirá? Lo descubriremos más adelante.

Ahora, vamos a subir al último piso por la escalera de caracol. Ahí estaba la buhardilla, donde guardaba todos sus libros de brujería, ordenados según el color de sus tapas. Era la joya de la corona de la casa: la biblioteca. Ahí tenía desde enciclopedias hasta notas tomadas en la servilleta de alguna cafetería sobre cremas, conjuros y potingues. Bru nunca tiraba nada, todo lo guardaba porque «nunca se sabe». Eso sí, como era un poco desastre, nunca encontraba lo que estaba buscando.

A Bru le gustaba mucho leer para estar informada de las últimas novedades en brujería. Por eso, todas las noches antes de dormir, subía a la buhardilla, encendía su lámpara de luciérnagas y se sentaba en el sofá a leer durante horas y horas. Soñaba con encontrar la pócima mágica con la que jubilarse. Ya ves, la casa de la bruja Bru era tan loca, desordenada y única como ella. Una bruja y una casa llena de sorpresas aún por descubrir.

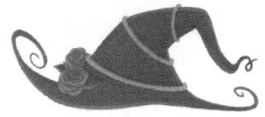

2. EL PRÍNCIPE GRIS

El príncipe Tinín siempre estaba serio e iba vestido con una armadura color plata que trataba de llevar reluciente a todas partes. Para darle un toque distinguido a su look, había incorporado una capa gris oscuro hasta los pies. Le daba un aire muy estiloso, pero a veces se quedaba enredada en las ramas de los árboles cuando estaba en plena persecución de sus enemigos, y terminaba colgado de algún pino mientras lanzaba improperios (luego la bruja Bru le lavaba la boca con jabón porque no le gustaba que fuera tan mal hablado).

No tenía muchos amigos y se sentía un poco solo. Nadie sabía su edad exacta. No era ni muy mayor, ni muy joven. Un término medio. Había nacido en un frío castillo de piedra gris en una región muy muy muy lejana, llamada Pistía.

En esa zona el cielo siempre estaba nublado, y por eso todo parecía más gris: el castillo, el bosque que rodeaba la fortaleza, las caras de los vecinos del pueblo… Todo era muy gris, pero como Tinín había vivido allí toda su vida, creía que eso era lo normal y que el mundo no tenía otro color.

Su madre, la reina de Pistía, era una señora más fina que un espárrago y más estirada que una escoba. Ella sí que no sonreía nunca. Es más, cerraba la boca con tanta fuerza que sus labios se volvían azules. Pero no daba miedo, más bien daba risa por su voz de pito y su forma de andar siempre tiesa. Al lado de la reina siempre iba un chihuahua negro que se creía dóberman y que gruñía a todo el mundo. El perrillo era tan pequeño que a veces se perdía entre la falda de su dueña, y a veces pasaban horas e incluso días sin encontrarlo.

La madre de Tinín tenía un espejito mágico que le decía las últimas novedades en ropa gris y siempre estaba muy entretenida con esto.

El padre del llamado príncipe gris era muy diferente a su mujer. Era tan gordo que cuando subía a su caballo el pobre animal se quedaba casi hundido en el suelo. Casi siempre estaba fuera de casa cazando o guerreando. Bueno, eso intentaba porque como era tan gordo, su caballo muchas veces se quedaba pegado en el suelo y no había manera de moverlo. Como tardaba tanto en llegar a todas partes, sus enemigos siempre olvidaban el motivo de la pelea y terminaban haciendo las paces.

El caso es que como la reina y el rey estaban tan atareados haciendo sus cosas, el pobre Tinín se aburría como una ostra en su castillo. Pero un día pasó algo que le cambió la vida.

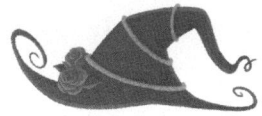

3. Aterrizaje forzoso en Pistía

Esa mañana la bruja Bru había cogido la escoba equivocada, una de esas que había comprado en el mercadillo de los martes y que tenía el GPS averiado. Ella quería ir a una reunión de brujas, pero el GPS la había tenido un buen rato dando vueltas y vueltas en el aire. La pobre ya había perdido la cuenta de los kilómetros que había volado. Debía de estar en un sitio muy muy muy lejano. Tan lejano como Pistía.

Abajo veía unas lucecitas que parecían casas, pero en ese momento se puso a diluviar y los limpiabrisas de la escoba dejaron de funcionar bien. La pobre

Bru no veía un pimiento. Y para colmo, con tanta agua, la centralita de la escoba sufrió un cortocircuito. Se estropeó en pleno vuelo. A la bruja Bru casi se le salieron los ojos de las órbitas cuando vio que aquel cacharro comenzaba a caer a toda velocidad dando vueltas y vueltas. ¡Madre mía, qué mareo!

Las lucecitas que había visto desde arriba se convertían en casas cada vez más grandes, a medida que iba cayendo. De pronto vio el muro del castillo, pero como era tan gris, casi no se había dado cuenta. Tiró del freno de mano de la escoba. El aparato volador frenó en seco, y Bru salió disparada por los aires. Menos mal que no calculó mal del todo, y en vez de estamparse contra el muro, entró por la ventana de la torre.

Parecía un meteorito dando vueltas y vueltas como una croqueta hasta que se estampó contra la armadura plateada que estaba limpiando con mucho mimo el príncipe gris. ¡Menudo ruido al chocar y menudo lío se montó! La armadura cayó al suelo; el casco, por un lado; el peto y las hombreras, por otro… ¡Qué susto se llevó el pobre Tinín!

Tras unos minutos de locura, Bru salió de debajo de una de las piezas de la armadura con un chichón en la cabeza del tamaño y forma de una pera.

El príncipe, que tampoco era muy hablador, se quedó más mudo de lo que estaba.

—Mil perdones. Este cacharro se ha vuelto loco y he tenido que hacer un aterrizaje de emergencia —explicó Bru.

Tinín seguía sin hablar, con la boca y ojos como platos.

—No se preocupe por su armadura, que con un golpe de varita yo la arreglo y se queda como nueva.

La bruja sacudió su varita, y de pronto todas las piezas de la armadura se juntaron de golpe y se convirtieron en... ¡un coche gris oscuro!

—¡Recorcholis!, He dicho una armadura, no el coche de Batman —dijo Bru.

Y con otro toque de varita, las piezas se desarmaron y se convirtieron en un barco gris con bandera pirata.

—No, no. ¡He dicho en una armadura!

Y ¡pum! Por fin al tercer intento, las piezas volvieron a su forma de armadura. Era un poco más bonita y estaba más limpia incluso que la anterior.

Bru no daba crédito, era la primera sorprendida porque nunca le salían las cosas bien con esa varita comprada en el mercadillo de los gnomos.

«Tengo que apuntar luego en el cuaderno cómo lo he hecho para que no se me olvide», pensó Bru.

El príncipe gris seguía mirando con los ojos como platos. Creía que la cena de ancas de rana le había sentado mal y que estaba alucinando. Pero no.

—Se me ha roto la escoba —explicó la bruja.

En ese momento, Bru sacó una cacerola plegable del bolsillo e improvisó una pequeña hoguera en medio de la habitación.

—Huevos de sapo, ojos de gamusino, uña de ogro y diente de león… —iba nombrando los ingredientes que sacaba del bolsillo y los echaba a la cazuela—. Un poco de pegamento y dejar cocinar hasta que haga «chup, chup» —leyó de un libro que había sacado del bolsillo—. Bueno, me falta un pelo muy negro…

Así que ni corta ni perezosa, agarró la cabezota del príncipe y le arrancó un pelo que echó a la cazuela.

—¡Ay!

—Anda, ¡sí hablas! Yo creía que te había comido la lengua el gato. Mira, te presento a Misifú.

El minino bufó desde lo alto del sombrero de Bru.

Cinco minutos más tarde, la poción estaba lista. Con un pincelito, Bru cogió un poco de masa viscosa y pegó los trozos rotos de la escoba.

—Bueno, chico. Yo me voy. ¿Te vienes?

Tinín miró a un lado y a otro, sorprendido. Pero en vista de que en aquel castillo nadie le hacía caso y se aburría mucho, cogió un par de calzoncillos limpios, un pijama de lunares blancos y grises y la armadura que le acababa de arreglar Bru. Lo metió todo en una maleta vieja con ruedas y se montó en la escoba.

—Nos vamos a vivir aventuras —dijo la bruja.

—¿Dónde?

—Más lejos que Pistía.

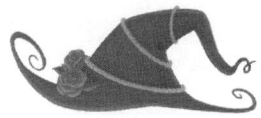

4. EL LUGAR MÁS MÁGICO DEL BOSQUE DE LA FUENFRÍA

En el bosque del Valle de la Fuenfría, en el corazón de la Sierra de Guadarrama (Madrid), había un lugar mágico que solo conocían los elegidos. Había que llegar andando entre altos pinos. Si lo hacías en silencio, a veces se les oía hablar entre ellos de sus cosas y cotilleos. Los árboles son muy parlanchines, pero hay que saber escuchar.

Para llegar a ese lugar tan especial había que cruzar al menos una vez por un riachuelo que desaparecía en verano y volvía a salir en invierno tras las últimas nieves.

El camino comenzaba a subir por la montaña y se iba haciendo cada vez más estrecho. En otoño, los duendes, a los que les gustaba disfrutar de climas cálidos, llegaban desde las islas donde vivían durante los meses de verano (mucho más al norte) y se instalaban en este valle lleno de pinos para pasar un invierno más templado. Llegaban con sus pequeñas camionetas llenas de trastos, y en cinco minutos montaban su nueva casa en una de las setas que crecían en otoño en la Fuenfría. Como eran muy pequeños y no se dejaban ver fácilmente, mucha gente pensaba que no existían, pero con un poco de atención un día soleado igual había suerte.

Pero los duendes no eran las únicas criaturas mágicas de este valle. También estaban los gamusinos, unos seres muy tímidos que casi nunca se dejaban ver. Como eran verdes, se camuflaban muy bien entre los helechos y el musgo. Eran un poco como los camaleones, se mimetizaban tanto con el entorno que a veces era imposible verlos. Pero estar, estaban.

Eran muy bromistas y les gustaba cambiar las señales y piedras del camino para que los domingueros que llegaban al valle se perdieran y no pudieran acceder hasta los lugares mágicos. Por eso era necesario estar muy atento para llegar sin perderse hasta el lugar más sagrado del valle.

Había que seguir subiendo hasta una pequeña praderita desde donde se podían ver las vistas de las montañas que rodeaban el valle. Había una con siete picos conocida como «la Sierra del Dragón», porque tenía la forma de un lagarto gigante dormido.

Pero para llegar al lugar más mágico del bosque había que seguir subiendo por un camino cada vez más estrecho. Tanto que había que ir en fila india para poder pasar entre los arbustos y la jara. En ese punto había que tener mucho cuidado para no despistarse con los trucos de los gamusinos. A veces dejaban árboles caídos para hacer creer a los senderistas que el camino estaba cortado.

La señal que indicaba que habíamos llegado al corazón de la Fuenfría era un árbol muy grande que en vez de crecer en vertical, lo hacía en horizontal. Lo derribó un rayo una noche de tormenta pero sus ganas de vivir fueron tan fuertes que siguió creciendo hasta convertirse en una especie de puente entre nuestro mundo y otro mucho más mágico: donde habitaban las hadas.

Para acceder al mundo de las hadas había que cruzar por el árbol horizontal hasta llegar hasta una pradera donde se encontraba otro árbol, el más mágico de todos. Se podía distinguir porque tenía una inscripción que ponía «AS» (nadie había podido adivinar nunca su significado).

A simple vista parecía un árbol normal, pero en su interior habitaban las hadas madrinas del bosque. Eran unas señoras regordetas, muy muy muy pequeñas, con la nariz y los mofletes colorados por el viento serrano. Iban vestidas de pastoras porque eran las encargadas de la circulación de las vacas de la zona y de los demás animales salvajes (zorros, ciervos, jabalíes..). Tenían unas alas transparentes pequeñas pero muy potentes con las que podían desplazarse a la velocidad de la luz. Eso es mucho más rápido que un avión y mil veces más de lo que viaja una mentira.

Eran muchas y cada una estaba especializada en un problema. Por eso cada una llevaba la falda de un color. Por ejemplo, las que iban de amarillo se habían especializado en encontrar cosas que se pierden por la casa; las de la falda azul nos ayudaban a pedir perdón o a hacer las paces después de una discusión; las que vestían de rosa llevaban los asuntos del corazón... La jefa de todas ellas, quien se encargaba de repartir las tareas y de organizar el cotarro, se llamaba Angelita y era la única que iba vestida de rojo. Era la encargada de resolver los problemas gordos y difíciles.

El problema de las propias hadas es que como eran tan mágicas y maravillosas, había quien las quería solo para él. Por eso estaban en constante peligro y habían tenido que crear un ejército de mariposas que las defendiera en caso de necesidad.

A la cabeza de este ejército de mariposas de colores se encontraba la más lista, valiente y fuerte de todas: la mariposa capitana. Era fácil reconocerla porque llevaba un casco de color plata.

Pero las mariposas no sólo patrullaban por el corazón del bosque de la Fuenfría, sino que hacían su ronda por todas partes para espantar cualquier peligro.

En una de esas rondas, la mariposa capitana conoció a un niño llamado Lele. Tenía el pelo color paja, grandes ojos negros y pecas por la nariz. Se le había caído un diente y siempre que se reía se le veía el hueco. Era muy travieso y siempre llevaba en el bolsillo un tirachinas que le había regalado su abuelo Ángel. Le encantaba jugar en su casa del árbol con su gran amiga Ana y su perro Rocky. Juntos imaginaban aventuras y soñaban con ser algún día astronautas para viajar hasta planetas en galaxias muy muy lejanas.

Pero nunca imaginaron que su gran aventura estaba a punto de comenzar esa misma tarde.

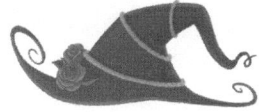

5. LA MERIENDA EN EL ÁRBOL

Como la mariposa capitana no paraba de hablar de las aventuras de Lele y Ana a las hadas madrinas, la jefa de todas, Angelita, decidió convocar un consejo extraordinario.

Nadie había visitado nunca el lugar más mágico del bosque de la Fuenfría porque los gamusinos y los duendes se encargaban de despistar a los domingueros cambiando las señales, piedras y troncos de lugar. Pero Ana y Lele eran especiales. Las hadas madrinas lo sabían, y por eso decidieron invitarles una tarde a merendar en su árbol mágico. Su ubicación era el secreto mejor guardado del bosque.

La mariposa capitana fue la encargada de darles la invitación en un sobre con letras de oro.

«¡Qué suerte! Nadie ha estado nunca ahí y encima nos invitan a merendar cosas ricas», pensaron Lele y Ana.

Al día siguiente se pusieron en marcha, muy nerviosos y emocionados. Como les guiaba la mariposa jefa pudieron aprender a leer las señales del bosque. Capitana les indicó cuándo callar y agudizar el oído para escuchar a los árboles del bosque hablar entre ellos. Eran muy graciosos y nunca se habían dado cuenta. Contaban chistes un poco verdes y cotilleos. También criticaban a los domingueros que tiraban basura en el bosque. Rocky, el perro de Ana, se llevó un susto tremendo cuando se acercó al tronco de uno de ellos para hacer sus necesidades y este se movió para no mojarse.

—Oye, ¡no me riegues! —refunfuñó el pino.

Nunca se habían dado cuenta, pero los árboles del bosque de la Fuenfría tenían también un poco de mal genio.

Después de una hora de caminata, por fin llegaron al lugar indicado. Allí estaba el árbol que crecía en horizontal en lugar de vertical. Ese era su puente hasta el mundo mágico de las hadas.

Subieron a ese tronco y la mariposa capitana pronunció unas palabras muy bajito. Lo hizo en el idioma de las hadas madrinas. Entonces, Lele y Ana vieron una luz pequeña y muy brillante que se aproximaba a toda velocidad hacia ellos. Era Angelita, la jefa, que se acercaba para darles la bienvenida.

—Bienvenidos al lugar más mágico del bosque: el corazón de la Fuenfría.

En ese momento, Ana y Lele se dieron cuenta de que estaban en la pradera más bonita del mundo, con sus impresionantes vistas a la Sierra del Dragón.

—Vamos, os están esperando todos dentro del árbol mágico.

—¿Dentro? —dijeron Ana y Lele muy sorprendidos—. Pero ¿cómo vamos a meternos dentro de un árbol?

En ese momento, Angelita chasqueó los dedos y los niños notaron unas cosquillas por todo el cuerpo. Parecía que todo a su alrededor comenzaba a crecer y crecer, mientras ellos empezaban a encoger. Fue muy rápido, cuestión de segundos. Pero cuando se dieron cuenta, ya eran del mismo tamaño de la mariposa capitana. ¡Rocky también había encogido!

—¡Si somos todos pequeñitos! —gritó Ana.

—¡Claro! —respondió Angelita—, para poder entrar por la puerta del árbol mágico. Vamos, que nos están esperando.

Antes, cuando aún tenían su tamaño normal, no se habían dado cuenta de que, en la base del árbol, al lado de una raíz muy gruesa, había una pequeña puerta roja. Delante de esa puerta había una mariquita con traje y cara de pocos amigos.

—¿Están ustedes en la lista? —les preguntó.

—Tranquilo, Byron, vienen conmigo —le explicó Angelita, y luego, volviéndose a Ana y Lele, les dijo—: La seguridad es muy importante aquí. Vais a entrar en el lugar más mágico y secreto del bosque.

La mariquita trajeada con cara de pocos amigos les abrió la puerta, y entonces un mundo nuevo apareció ante sus ojos. Allí estaban, dentro del tronco del árbol, y todo era realmente mágico. Era como un palacio en miniatura. Por dentro, el tronco era de mármol blanco. Había muchas escaleras y por todas partes había hadas madrinas revoloteando con sus trajes de colores. También estaban las compañeras de la mariposa capitana. Había muchas flores. Pero lo que más llamó la atención de Lele y Ana fue una mesa alargada llena de dulces. Allí había hadas madrinas ya sentadas junto a algunos animales del bosque, como el petirrojo Robin, el conejo blanco Pompón, Foxy, el zorro más travieso del valle, y la vaca Daisy. Angelita les presentó a todos, parecían muy majos.

—Ahora a merendar.

Ana y Lele se sentaron en medio de la mesa y Rocky al lado de la vaca Daisy. Casi no veían a los que tenían sentados en frente porque la mesa estaba llena de manjares exquisitos. Había tartas de hasta siete pisos, pasteles de manzana, piruletas con forma de corazón y sabor a fresa, gominolas, paloduz, regaliz…

De pronto llegó una cucaracha muy elegante con una tetera y les empezó a llenar las copas con chocolate caliente. Todo olía de maravilla.

Lele y Ana nunca habían visto tantos dulces ni cosas ricas en su vida. Angelita alzó su copa llena de chocolate para brindar.

—¡Por nuestros invitados!

Todos chocaron sus vasos, copas y tazas y al beber el chocolate se dejaron un bigotillo marrón.

En ese momento comenzó a sonar una música muy marchosa. Ana miró hacia la derecha y vio a la banda que tocaba: una mariquita, el clarinete; una araña de patas largas, la trompeta; un abejorro muy gordo, el saxofón; un insecto palo, la flauta travesera; y una hormiga, la batería.

Allí todo el mundo parecía muy feliz. Todos comían con las manos, aunque las hadas como eran muy finas se limpiaban mucho los dedos con servilletas entre plato y plato.

Ana agarró un trozo de chocolate. Lele, una tarta llamada «reinita de nata», y al comerla se le quedó toda la nariz blanca de la crema. Y Rocky no daba abasto comiendo todos los huesos de colores que le iban trayendo las cucarachas camareras.

Después de comer varios pasteles, Foxy, el zorro más travieso, sacó a bailar a Ana. Rocky hizo lo mismo con la vaca Daisy, mientras que Lele daba vueltas y vueltas con la mariposa capitana.

Todos se lo estaban pasando de maravilla, pero de pronto sonaron seis campanadas. Lele miró el reloj.

—Tenemos que irnos ya o se nos echará la noche encima.

Robin, el petirrojo, se ofreció a ser su guía para la vuelta a casa porque la mariposa capitana tenía que pasar la instrucción a sus mariposas soldados.

—Cuando salgáis del árbol —dijo el hada Angelita—, tenéis que tomar un sorbito de esta poción para volver a vuestro tamaño original. Nos vemos pronto. Buen viaje y recordad: no debéis desvelar nunca dónde se encuentra el árbol mágico. Es nuestro secreto mejor guardado y podría ser peligroso.

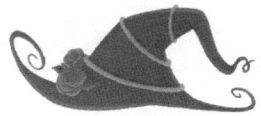

6. LA CASITA DEL BOSQUE

Lele, Ana y Rocky tomaron un sorbito de la poción que les había dado Angelita y enseguida volvieron a su tamaño original. Pronto continuaron con la marcha. Robin, el petirrojo, les dijo que había otra manera de volver a casa. Era una ruta circular que rodeaba el valle y tenía unas vistas espectaculares. Pero para ello había que subir por un camino que se hacía cada vez más y más estrechito.

Era un camino muy bonito, aunque la subida se hacía un poco dura. Sobre todo, después de una merienda como la que habían tomado con las hadas madrinas. A Rocky le pesaba un poco el culo y ya no correteaba tanto. De hecho, iba el último de la fila y con la lengua fuera. Él hubiese preferido quedarse dentro del tronco del árbol mágico mordisqueando huesos de jamón. Pero Lele y Ana sabían que era hora de volver.

Al cabo de media hora de intensa subida por la montaña, llegaron a una pista forestal. Robin, el petirrojo, que había ido todo el camino silbando, dijo que había que seguir por esa pista a la derecha. Ana y Lele le hicieron caso sin saber que el pajarillo tenía un problemilla con la izquierda y la derecha, y muchas veces se liaba y acababa perdido dando vueltas y vueltas. No tenía muy buen sentido de la orientación tampoco. Pero qué iban a saber ellos si lo acababan de conocer esa misma tarde.

Así que le hicieron caso y en vez de coger el camino de la izquierda, que les llevaba derechos a casa, tomaron el de la derecha. Siguieron andando y andando. Iban muy animados cantando canciones y hablando sobre lo divertida que había sido la merienda con las hadas madrinas. Pero de pronto, el cielo se empezó a oscurecer. Parecía que se aproximaba una tormenta. Primero le cayó una gota de agua en el cogote a Lele, y enseguida comenzó a diluviar. Parecía llover en todas las direcciones posibles, tanto que casi no veían lo que tenían delante.

De pronto Robin dijo:

—Se acerca alguien a caballo.

La lluvia no les dejaba ver muy bien, pero parecía un jinete vestido con armadura oscura: el príncipe gris.

—Alto, ¿quién va? —dijo con voz de pocos amigos.

Robin le conocía y sabía que era el ayudante de la bruja Bru, así que empezó a revolotear nervioso, pero Lele y Ana no tenían ni idea, así que dijeron:

—Nos ha pillado la tormenta y nos hemos perdido.

—Venimos de merendar con las hadas…

Ana le dio un pisotón a Lele. No tendría que haber dicho eso porque era un secreto. Las hadas madrinas les habían dicho que no podían decir nada a nadie de su merienda, y mucho menos desvelar dónde se encontraba el árbol más mágico del bosque. ¡Pero ya era tarde! Tinín había oído la palabra «hada» y se dio cuenta rápidamente de que esos niños sabían más de lo que decían.

«Esto le va a gustar la bruja Bru», pensó y por primera vez en su vida, el príncipe sonrió y les dijo:

—Vamos, yo os acompañaré a casa.

Después de ese día, Ana y Lele aprendieron la lección de que nunca nunca nunca hay que ir con un desconocido, pero ese día no lo sabían y cometieron el error de seguirle. A Ana ese príncipe tan serio le parecía un poco raro. No le gustaba mucho y no se acababa de fiar. Así que sin que se diera cuenta, sacó una magdalena de chocolate del bolsillo y fue tirando miguitas mientras andaban. En lo que Ana no se fijó es que detrás de ella iba Rocky y como era el perro más glotón del mundo, se las iba comiendo sin disimulo.

Cuando se acabó la magdalena, Ana sacó un trozo de bizcocho para seguir dejando pistas por si tenían que volver por el mismo camino, pero Rocky siguió pensando que eran para él y no dejó de comer. Así que mientras Ana y Lele estaban cada vez más cansados, Rocky iba engordando hasta parecer un «perro bola» de comer tantos pasteles. Pero ninguno se dio cuenta de lo que pasaba porque todos miraban al príncipe de aspecto triste y armadura color plata que iba encabezando la marcha a lomos de su caballo, también gris, por supuesto.

—Yo creo que este príncipe tan gris no es de fiar —le dijo Robin a Lele en el oído.

Este lo oyó, puso cara de pocos amigos y dijo muy serio:

—Ahora hay que seguir bajando por este otro camino.

Era un sendero muy estrecho. Como era día de tormenta y ya era un poco tarde, cada vez había menos luz y daba un poco de miedo. Los árboles de ese camino no parecían tan contentos como los que se habían encontrado en el camino de ida, que hablaban entre ellos y se contaban cotilleos de los domingueros. Estos árboles habían perdido todas sus hojas y parecían un poco tristes porque no hablaban. Ni siquiera se movían cuando Rocky se acercaba para hacer pis sobre alguna de sus raíces.

Lele y Ana se miraron con cara de decir: «Parece que nos hemos metido en un lío».

Pero en ese momento vieron una casita en mitad de un claro del bosque. Era un poco rara porque tenía varios pisos, como una tarta, y tenía siete chimeneas de las que salía humo de diferentes colores y en todas las direcciones posibles. Era la casa de la bruja Bru.

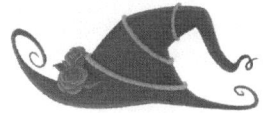

7. LAS LOCAS IDEAS DE
LA BRUJA BRU

La bruja Bru se encontraba entre fogones cocinando nuevos potingues y mezclando recetas que había leído en las revistas de brujería. Esa tarde había intentado crear una crema milagrosa contra los granos, pero cuando la probó sobre su cara, descubrió a los cinco minutos que le había salido una verruga nueva en la barbilla con un pelo largo y feo.

Como vio que con ese potingue no se iba a hacer rica, probó a convertir a su gato Misifú en un tigre de Bengala para que dejara de tomar el té con sus amigos los ratones y se convirtiera en el guardián de la casa.

Pero algo debió de salir mal porque en vez de en tigre, Misifú se convirtió en un jabalí con un tutú rosa de ballet que no paraba de bailar y bailar por toda la casa «El lago de los cisnes».

Bru intentó que Misifú probara otra cucharadita de su poción para que volviera a su forma de gato, pero en esa ocasión lo único que consiguió fue convertirlo en un sapo muy gordo, con el pelo peinado en un tupé, que no paraba de cantar canciones de Elvis Presley y de mover la pelvis de forma muy rara.

Como Bru vio que lo de Misifú no tenía remedio, probó a hacer otros potingues. Esta vez, roció su sillón con unas gotas de pis de lagarto mezclado con polvo del Camino de Santiago. Su idea era convertir su viejo sillón en un trono de reina, pero lo único que consiguió fue que la tela del sillón comenzara a deshacerse, dejando un tufillo de pedo de ogro en el salón. Como olía tan mal, la pobre Bru, medio atufada, tuvo que abrir la ventana y en ese momento vio al príncipe gris que llegaba con extraña compañía.

Lo había mandado hacía más de una hora a buscar hierbas para sus nuevos potingues y ya pensaba que se había perdido cuando de pronto lo vio llegar acompañado de dos niños, un perro y un pajarillo que le resultaba familiar. Todos iban calados hasta los huesos por la tormenta.

La bruja Bru abrió la puerta de su casa con gesto extrañado, nunca tenía visitas, salvo las de los ratones colorados que iban a tomar el té con Misifú.

Tinín hizo un gesto a sus acompañantes para que esperaran y se acercó a la bruja Bru para decirle al oído:

—Creo que estos niños han estado con las hadas madrinas y puede que conozcan el secreto mejor guardado del bosque.

A la bruja Bru se le pusieron los ojos como platos. «¡Por fin!, hoy puede que consiga la fórmula mágica para jubilarme de una vez y comprarme una casita en la playa», pensó Bru.

Así que se atusó el sombrero que llevaba ladeado, se alisó un poco el vestido y se limpió los restos de hollín que cubrían su cara después de haber estado cocinando pócimas toda la tarde.

—¡Bienvenidos! —dijo con la mejor de sus sonrisas y poniendo la voz más amable que pudo—. Pasad, pasad. Estáis en vuestra casa.

La bruja Bru había visto claramente que aquellos niños calados hasta los huesos eran su mejor pasaporte a la playa. Es decir, si conseguía sacarles información sobre las hadas madrinas y el secreto mejor guardado del bosque, seguro que se haría rica vendiendo la exclusiva del descubrimiento, y por fin podría compararse su soñado apartamento en Benalmádena y jubilarse al lado del mar, rodeada de turistas.

Así que Bru puso su mejor sonrisa y con un golpe de varita recogió un poco, tampoco mucho, los cacharros que andaban tirados por toda la casa. Había que poner un poco de orden dentro del caos si quería impresionar a sus invitados.

—Estáis calados hasta los huesos —dijo.

Y con otro golpe de varita, cambió la ropa mojada de Lele por un traje de pirata, con parche en el ojo y todo. Luego se giró hacia Ana y cambió su ropa calada por el vestido de Caperucita Roja, con capa y cesta incluida. No era lo más cómodo, la verdad, pero estaban secos y además era uno de los pocos conjuros que Bru sabía que le salían bien.

Rocky, que también había llegado muy mojado por la tormenta, se sacudió en ese momento y cubrió a la bruja Bru de babas y agua. Lele y Ana se rieron mucho, pero a Bru no le hizo ninguna gracia. Ella era más de gatos. De hecho, estuvo a punto de convertirlo en un conejo, pero se resistió para no asustar a sus invitados. Así que poniendo otra vez la mejor de sus sonrisas, les dijo a los niños:

—Vamos a la mesa, ya es muy tarde y tendréis hambre.

El príncipe gris y el gato Misifú habían preparado un banquete en la mesa del salón. No olía tan bien como la merienda de las hadas, pero había mucha comida y ellos tenían tanta hambre que podían oír el rugido de sus tripas, así que se sentaron muy obedientes a la mesa. Rocky y el petirrojo Robin también.

—Id comiendo que voy a preparar unas croquetas —dijo Bru.

«Qué señora tan simpática», pensó Lele.

Pero Robin, el petirrojo, no lo veía tan claro. Había algo en todo aquello que no le cuadraba. Algo le decía que podía ser una trampa, pero tenía tanta hambre que se puso a comer también.

En seguida Bru volvió de la cocina con unas croquetas. ¡Eran azules! Pero como Lele tenía tanta hambre se abalanzó sobre el plato y se metió una de golpe en la boca. Le hizo un gesto a su amiga para que hiciera lo mismo. Los dos niños se pusieron a comer con ganas. Después de la larga caminata, casi ni se acordaban de la merienda de las hadas. Aunque esas croquetas eran muy curiosas, unas sabían a lechuga, otras a plátano…

—Qué croquetas tan raras, las de mi abuela Margarita no saben así —dijo Ana.

Entonces Robin, el petirrojo, lo entendió todo: eran las famosas croquetas de la verdad. Una receta utilizada por algunas brujas para sonsacar información.

Lele y Ana, siempre tan educados, empezaron de decir que esa comida estaba asquerosa. Era la pura verdad. A la bruja Bru no le importaba porque eso quería decir que sus croquetas de la verdad estaban funcionando.

«Tengo que buscar ayuda; seguro que la bruja les va a preguntar por el árbol mágico de las hadas madrinas», pensó Robin.

Y en un momento en el que nadie miraba, el pajarito escapó por una ventana que se había quedado abierta. Lele y Ana ni se dieron cuenta porque, aunque las croquetas estaban asquerosas, eran adictivas y no podían parar de comer ni de decir verdades.

—Tiene usted la verruga más fea que he visto en mi vida —llegó a decir Lele.

Bru sonrió, era el momento de empezar con su interrogatorio. Por fin descubriría el secreto mejor guardado del bosque y se iría a vivir a su soñada casita en primera línea de playa.

8. EL RESCATE

Las hadas madrinas ya estaban en camisón y con el gorro de dormir puesto cuando oyeron que alguien llamaba con fuerza e insistencia a la puerta del árbol. Cuando abrieron, vieron a Robin al borde de sus fuerzas. Con su mal sentido de la orientación, no le había sido fácil llegar hasta allí, se había perdido tres veces, había volado en círculos otras seis, se había liado con los trucos anti domingueros que dejaban los gamusinos por el bosque…, pero por fin había llegado hasta las hadas madrinas.

—¡¡¡Ana y Lele están en peligro!!! —entró gritando.

En cinco minutos se organizó la patrulla de rescate, con la mariposa capitana a la cabeza. La acompañaba un batallón con las mejores mariposas soldados y varias hadas madrinas, que se habían calzado unas zapatillas deportivas con alas para volar más rápido todavía.

Encontrar la casa de la bruja Bru no fue fácil con las indicaciones de Robin y su pésimo sentido de la orientación. Ana había ido dejando un rastro de miguitas de bizcocho por si se perdían, pero eso ayudó poco porque, como Rocky había ido detrás comiendo todos los trozos que caían al suelo, no quedaba nada. Además, seguía la tormenta y la fuerte lluvia había borrado cualquier rastro de los niños.

Pero entonces, la mariposa capitana sacó un GPS último modelo para localizar a niños en apuros, y en el último momento, cuando parecía que todo estaba perdido, localizaron dónde estaban.

—¡Vamos, compañía, es por ahí!

Mientras, en la casa de la bruja Bru, las cosas se habían torcido un poco. Bru no se apañaba muy bien con los conjuros y siempre terminaban dándole una sorpresa. Por eso, sus famosas croquetas de la verdad estaban teniendo efectos secundarios no esperados. Lo que Bru quería con esas croquetas es que los niños le dijeran dónde se encontraba el lugar más mágico del bosque. Y aunque la cosa empezó muy bien y Ana y Lele comenzaron a decir verdades, de pronto se pasó ese efecto y aparecieron otros nuevos.

Primero, les entró un ataque de risa y no pudieron parar durante media hora. Al tomar otra croqueta, en este caso con sabor a melón con jamón, a Lele le empezaron a crecer unas orejas de burro. A su amiga Ana eso le hizo muchísima gracia, pero no se había dado cuenta de que su nariz cada vez se parecía más a la de un cerdito.

—No, no, no —dijo Bru, preocupada—, esto no debería de estar pasando. Vamos, niños. Decidme dónde viven las hadas madrinas del bosque de una vez por todas.

Pero ellos seguían con su risa floja, viendo cómo cada uno se iba transformando en un animal diferente.

Rocky, que no había comido ninguna croqueta, estaba alucinando con lo que estaba pasando, así que no se le ocurrió otra cosa que ponerse a ladrar.

Menudo panorama: Lele con orejas, y ahora también con rabo de burro, y su amiga cada vez con más forma de cerdita. Los dos desternillados de risa por el suelo, al ver la transformación del otro. Rocky ladrando. La bruja Bru dando órdenes al príncipe gris para que le trajera libros de conjuros para deshacer el entuerto. Misifú tomando el té con sus amigos los ratones y comentando la jugada desde la cocina…

Con este jaleo nadie se dio cuenta de que de pronto había entrado en la casa un ejército de mariposas.

Al principio de esta historia, vimos que, en la habitación de la bruja Bru, al lado del armario, había muy escondida una puerta muy muy muy chiquitita. Era tan pequeña que ni la propia bruja Bru se había dado cuenta de su existencia. Pero ahí estaba.

La había puesto Misifú y daba a un pequeño pasadizo que salía al jardín. El objetivo de todo ello era que sus amigos los ratones pudieran entrar y salir sin problemas para tomar el té en la casa de la bruja Bru.

El GPS busca niños de la mariposa capitana les había advertido de esa entrada, que ahora estaba abierta. Por ahí entraron las hadas madrinas, el petirrojo Robin y el ejército de mariposas soldados.

—Pero ¿qué hace en mi casa toda esta gente? —preguntó muy sorprendida la bruja Bru al percatarse de que tenía visita.

—Hemos venido a por Ana y Lele.

—¿A por quién? —dijo Bru haciéndose la tonta.

—A por los niños que tienes en casa.

—¿Niños? Yo no veo niños.

Técnicamente Bru no mentía en ese momento, porque por culpa de las croquetas de la verdad, Lele se había convertido en un burro, y Ana, en una cerdita. Ambos campaban a sus anchas por el salón de Bru buscando más croquetas azules. El príncipe gris intentaba controlarlos y mantener un poco la situación, pero todo era un verdadero caos.

Misifú, por su parte, andaba por toda la casa con el pelo erizado y bufando a Rocky. Robin, el petirrojo, negociaba con los ratones por un trozo de queso porque ya era hora de cenar y se le había abierto el apetito con tanto jaleo. Las hadas madrinas y las mariposas intentaban disuadir a Bru para que devolviera a los niños a su forma humana, pero la pobre bruja no se acordaba del conjuro. Una locura todo.

En esas andaban cuando, de pronto, sonó el timbre de la casa de la Bru. Cuando abrió la puerta vio a una señora más fina que un espárrago y más estirada que una escoba. Llevaba en sus brazos a un chihuahua negro con cara de pocos amigos.

«La que faltaba...», pensó la bruja.

Era la madre del príncipe gris. La reina de Pistía.

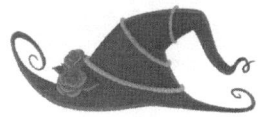

9. CADA UNO A SU CASA

A Tinín se le cayó el casco al suelo del susto cuando vio a su madre entrar en casa de la bruja Bru. Y lo primero que hizo la reina de Pistía fue coger a su hijo por la oreja izquierda y echarle una buena resplandina.

—Pero bueno, ¿cómo se te ocurre irte del castillo sin avisar? Estábamos todos de los nervios buscándote, hemos mandado emisarios a todas partes preguntando por ti.

El príncipe gris se había puesto más rojo que un tomate. En parte, porque su madre le tenía bien agarrada la oreja, pero también porque de pronto se había hecho un gran silencio en la casa y todos les estaban mirando: las hadas madrinas, la mariposa capitana y su tropa, Rocky, Robin, Misifú, los ratones, Ana y Lele, reconvertidos en animales de granja... Y, sobre todo, la bruja Bru que no daba crédito a la que se había montado en un momento en el salón de su casa.

—Nos vamos al castillo —siguió diciendo la reina de Pistía sin soltar la oreja de Tinín—. Vas a estar una buena temporada castigado sin tu armadura.

El príncipe bajó la cabeza y salió por la puerta sin ni siquiera despedirse de Bru. Su madre, la reina de Pistía, le siguió muy seria y más tiesa que una escoba.

—Pues ya que estamos, nosotras nos llevamos a Ana y Lele a su casa, que es muy tarde —dijo la mariposa capitana.

Bru se dio cuenta de que era imposible luchar contra la tropa de mariposas soldado y hadas madrinas, así que se dijo mentalmente adiós a sus sueños de hacerse rica con la exclusiva del secreto mejor guardado del bosque. Ya tendría tiempo para encontrar otro conjuro con el que hacer dinero para la casita de sus sueños en primera línea de playa.

—Pero es que hay un problema —admitió Bru, un poco avergonzada—. Se me ha olvidado el conjuro para devolver a los niños a su forma humana.

Todos los presentes se giraron para mirar a Ana y Lele. Ahí seguían comiendo sin parar. Ana, convertida en una cerdita rosa, y Lele, en un burro de orejas tiesas y pelo pincho.

—Pues eso sí que es un problema —dijo Capitana—, porque como los devolvamos a casa de esta forma, sus padres se caerán al suelo del susto.

—De problema, nada —dijo Julianita, una de las hadas madrinas—. Yo tengo la solución. Venga —ordenó a los presentes mientras se subía las mangas del vestido—. ¡Todo el mundo a trabajar!

Julianita era un hada madrina regordeta que siempre iba vestida de verde porque era experta en las plantas mágicas del bosque. Siempre llevaba deportivas para ir más cómoda en sus excursiones, donde recolectaba plantas curativas que lo arreglaban todo. En un momento puso orden en el caos y asignó una tarea a cada uno de los presentes: la mariposa capitana y su ejército debían batir la zona para encontrar hierbabuena, la bruja Bru tenía que encontrar muérdago en lo alto de las copas de los árboles, Misifú tenía que pedir prestado un pelo del bigote de uno de sus amigos los ratones, y las hadas madrinas tenían que buscar un cubo grande para recoger algunas babas de Rocky.

Y así, en un momento, quedaron todos organizados. Cada uno con su tarea, se pusieron enseguida manos a la obra para recolectar todos los ingredientes que devolverían a los niños a su forma habitual.

Tres horas más tarde, volvieron todos a la casa de Bru con las cosas que les había pedido el hada madrina Julianita: hierbabuena verde y olorosa, muérdago, un pelo de ratón y un cubo lleno de babas de Rocky.

El hada Julianita se arremangó de nuevo y se puso a mezclar los ingredientes en una de las cacerolas de la cocina de la bruja Bru. Trabajaba a toda máquina y sabía muy bien lo que hacía. Bru se puso a su lado con la boca abierta para tomar apuntes. Estaba maravillada porque no había visto nada igual. Todos sus conjuros acababan explotando o con el efecto contrario.

«Igual puedo pedirle a Julianita que me convierta en su ayudante», pensó Bru.

En cinco minutos la cocina se llenó de olor a hierbabuena.

—Ya está listo —dijo Julianita—, ahora hay que embadurnar a los niños con esta mezcla pringosa.

Ana y Lele estaban muy contentos con su nueva forma de cerdita y burrito, así que no se dejaron agarrar fácilmente. Hizo falta todo el ejército de mariposas y alguna que otra hada madrina para poder apresarlos y así untarles por la tripa esa mezcla verde que olía a chicle de hierbabuena.

Como estaba fresquita y les hacía cosquillas, no paraban de reírse con risa de cerdita y burrito. Así estuvieron un buen rato, ellos muertos de la risa y todos los demás sudando y luchando para poder pringarlos bien con la pasta verde.

Cuando estuvieron completamente cubiertos, el hada madrina Julianita dijo el conjuro:

—Tataramundi, truchimuchi, copérnico edulis…, que estos animalillos vuelvan a convertirse en un niño y una niña.

Y con un golpe de varita... «¡zas!», Lele y Ana volvieron a tener su forma original.

En ese momento apareció Angelita, la jefa de las hadas madrinas, que se había retrasado un poco por estar poniendo en orden el árbol mágico.

—Bueno, niños. ¿Qué habéis aprendido después de todo este lío?

—Que no debemos fiarnos ni irnos con extraños —dijo Ana.

—Y que nunca debemos desvelar los secretos de un amigo. Los secretos no se cuentan porque si no, dejan de ser secretos —apuntó Lele.

—Muy bien —dijo Angelita y, girándose a la bruja Bru, añadió muy seria—, no quiera saber más de la cuenta, señora bruja. El bosque tiene sus secretos y, como secretos que son, nunca deben ser revelados. Tiene usted buen corazón debajo de su atuendo de bruja, pero no me termino de fiar. La mantendremos vigilada durante un tiempo y, si se porta bien, Julianita pasará todos los viernes a enseñarle algún conjuro bueno para mejorar esas fórmulas desastrosas. Y recuerde, lo que merece la pena requiere un esfuerzo. No vale con vender la exclusiva y luego vivir del cuento.

Y con un golpe de varita organizó la casa de la bruja que había quedado hecha un desastre después de tanto jaleo.

No le pareció mal acuerdo a Bru, quien no había podido descubrir el secreto mejor guardado del bosque, pero por fin iba a contar con una maestra que la ayudaría a no meter la pata con las pociones mágicas. Un poco de ayudita con eso no le venía mal. Y pensó que ya se haría rica más adelante.

En cuanto a Lele, Ana y Rocky, volvieron a casa a tiempo para la cena, gracias a los polvos mágicos para volar, con los que les rociaron las hadas madrinas del bosque de la Fuenfría, un lugar que aún hoy guarda su secreto intacto.

Y colorín, colorado…, este cuento se ha acabado.

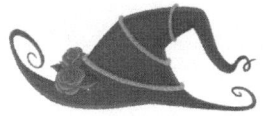

ESPERA, ¡NO CIERRES EL LIBRO!

Soy la mismísima bruja Bru y me gustaría comentar un par de cosillas contigo... ¡Pero ojo!, no leas esto si no has terminado la historia, porque puede haber riesgo de «spoiler», como dirían los modernos.

Primero, darte las gracias por ser tan ávido lector y por acompañarme en esta loca aventura. Como has podido comprobar, soy un poco desastre, pero soy una bruja con buen corazón.

Las hadas madrinas me han enseñado una gran lección. Es cierto, lo que realmente vale la pena cuesta un esfuerzo, y pienso esmerarme como ayudante de

Julianita. **Y a ti, ¿hay algo que te cueste especialmente en el cole o en casa?** Yo he de reconocer que me lío un poco con las mates, y lo de lavar los cacharros después de las pociones tampoco se me da muy bien.

También me he dado cuenta de que trabajando en equipo todo sale mejor porque nos podemos ayudar los unos a los otros. De hecho, menos mal que me han echado un cable las hadas madrinas y las mariposas. Sin su ayuda, aún estaría tratando de resolver este entuerto. Eso sí, hay que respetar las opiniones de todos. **¿A ti también te gusta trabajar en equipo?**

Supongo que te habrás percatado de la importancia de no fiarnos de los extraños. ¡Menudo lío en el que se habían metido Ana y Lele! Menos mal que dieron con una bruja maja como yo, que si llegan a dar con la de Blancanieves o la de la Bella Durmiente, ¡no me lo quiero ni imaginar! Lo bueno es que han demostrado ser grandes amigos, y se han mantenido leales el uno al otro, incluso cuando les he preguntado por el secreto mejor guardado del bosque. **¿Alguna vez le has contado un secreto a un amigo?**

Ana y Lele tienen muchos amigos: las hadas, las mariposas, Rocky, Robin el petirrojo… La verdad es que a mí, como soy una bruja un poco diferente, alguna vez las compañeras de oficio me han dado un poco de lado. Igual que al pobre Tinín, al que le llaman «príncipe gris» por su aspecto tristón, y al que nadie hace mucho caso. Por eso no dudé en invitarle a subir a mi escoba y vivir aventuras juntos. **¿Conoces alguna persona que se sienta sola? ¿Le has ofrecido tu ayuda y amistad?**

Y lo último antes de despedirme. Supongo que te habrás dado cuenta de la cantidad de animales y criaturas maravillosas que habitan en los bosques. Es nuestro deber cuidar de nuestro medioambiente para poder conservarlo. ¡Yo siempre reciclo! **Y tú, ¿qué haces para cuidar del medioambiente?**

Bueno, ya no me enrollo más. Un placer haberte conocido y gracias por animarte a vivir esta loca aventura con todos nosotros.

¡Sigue leyendo y sigue soñando!

Besos gordos de parte de tu amiga Bru.